हमारी वाली किताब

नंदिनी जगवायन

ISBN

Hardcase 979-8-89699-929-4
Paperback 979-8-89673-457-4

भूमिका

“ये कविताएँ जीवन की छोटी-बड़ी सच्चाइयों और सवालों को सरल किंतु मार्मिक शब्दों में पिरोती हैं। हर पंक्ति आपको सोचने, महसूस करने, और जीवन को नए नज़रिये से देखने की प्रेरणा देगी।”

अंतर्वस्तु

Acknowledgement

I would like to thank -:

My family, who has always stood by my side and given me the strength to publish this book.

My best friends, who have always **(mostly)** listened to my rants without any judgements.

समुद्र

रंग तो आसमान भी कई दिखाता है,
क्षितिज पर खड़े होकर भ्रम रचाता है।
समुद्र को हर बार एहसास दिलाता है,
कि वह समुद्र से कभी नहीं मिल सकता है।

नदियाँ, झरने, बारिश का सहारा,
समुद्र का पानी भी इन्ही का उधारा।
सूरज की किरणों से जब वह भाप बनती,
समुद्र की लहरे भी खुद को कितना बेबस पाती।

जो हमारे जीने का आधार है,
वह हर रूप में ढल जाता है।
जो हर चट्टान को काट कर रास्ता बन जाता है।
वही समुद्र, जो अनगिनत कहानियों का बंधन है,
वही लहरे जो गंगा - यमुना का संगम है।

कुदरत के आगे खुद को कितना मजबूर पाता है,
अपने ही अस्तित्व से हार जाता है।

तो फिर हम क्या है,
सिर्फ एक बूँद भर पानी,
भगवान की बनाई इस प्रकृति की निशानी।

जब यह विशाल समुद्र मजबूर हो जाता है,
हमारा गुरूर इतना क्यों इतराता है?
जब यह समुद्र चाँद के आगे झुक जाता हैं,
हमारा घमंड क्यों सिर चढ़ कर गाता है?

* * *

आसमान है शायद असीमित पर,
फिर भी मिलता तो है किसी में।
चाहे नदी पहाड़ से बहती हुई,
लाखों को जीवन देती है,
पर मिलती तो समुद्र में ही है ना।
समुंदर के दो छोर एक बार में दिखाई नहीं देते,
मगर इसका मतलब ये तो नहीं, कि उसके किनारे नहीं है।
तुमसे बड़ा हमेशा कोई रहेगा!
तुम्हें वापिस ज़मीन पर लाने के लिए!
तुमसे वापिस मेहनत करवाने के लिए!

हमारी वाली किताब

एक दिन जब दीदी की बहुत याद आई,
तो मैंने अलमारी से हमारी वाली किताब उठाई।

सुनाते, सुनाते, रोने के ना थे
मेरे कोई इरादे,
लेकिन गुलाब के फूल को जब
किताब में पाया,
तो उसका मतलब ही था यादे।

"सुबह की चाय,
जो ना पाए,
वो पछताए।"

कहते हुए हर रोज़ एक भैया थे आते,
मैं और दीदी, यह आवाज़ सुनते ही जाने क्यों थे खींचे चले जाते,

बीस रुपय में दो कुल्लढ़ की चाय हम थे पाते,
और बक-बक करते घर को लौटते हसते मुस्कुराते॥

फिर अलमारी से दीदी हमारी वाली किताब थी उठाती,
घूम फिरकर दो कहानियाँ थी वह मुझे सुनाती,
मम्मी की डाँट से भी थी वह मुझे बचाती,
मार भी मेरे लिए वही थी खाती।

अब चाबी से यादों के ख़ज़ाने को बंद है करना,
क्योंकि अब मुझे और नहीं है रोना।
रोज़ करती हूँ सवाल यही खुद से,
कि आसूँ पोछने के लिए क्यों नहीं हो तुम इतने सालों से।

जब याद आता है जवाब,
तो अलमारी से उठा लेती हूँ हमारी वाली किताब,
और रोती हूँ पकड़कर वह सूखा हुआ गुलाब।

आज फिर आयी है मुझे वही आवाज़ -

"सुबह की चाय,
जो ना पाए,
वो पछताए।"

लग कर मुझे फिर से चाय की आदत,
इस दिल को मिल गयी है राहत,
क्योंकि लौट आयी है तुम्हारी चाहत॥

* * *

याद रखना भूल गए

लोग छोटी-बड़ी बातें याद रखना भूल गए हैं,
पहले किताब में फूल से थे,
अब तस्वीर की धूल से बन गये हैं,
आँखें हमारी ख़राब हैं मानकर,
यादाश्त कमजोर है समझाकर,
ख़ुद से ख़ुद का नाता ही तोड़ गये हैं,
लोग छोटी - बड़ी बातें याद रखना भूल गए।

पहले आँखों से जो गुज़र गया,
वो जैसे ज़िंदगी से जुड़ गया,
पर camera की reel को छानकर,
आँखों का ख़ज़ाना ही चुरा ले गए,
लोग छोटी-बड़ी बातें याद रखना भूल गए।

अब उस तस्वीर को धुंधली कर, यादों से नाता जोड़ लो,
आँखों की कलाकारी की ओर अब तो मुँह मोड़ लो,

क्योंकि पहले किताब में फूल से थे,
अब तस्वीरों की धूल से बन गये हैं,
लोग छोटी-बड़ी बातें याद रखना भूल गए॥

* * *

आज की शाम तारों के नाम

हम कितने बदनसीब निकले,
कि हमारे साथ तो चाँद भी अकेला खड़ा है।
देखा नहीं टूटता तारा आज तक,
यहाँ तो पूरा आसमान अधूरा पड़ा है।

रात को चंद पाँच तारे दिखते हैं,
जिनसे हम कभी रौशनी का मतलब सीखते थे,
उनके टूट जाने पर मन्नत माँगते थे,
मन्नत ना सही तो उनसे गम बाँटते थे,
आज वो दोस्त मुँह फेर नाराज़ बैठा है।

सिर्फ़ तारे नहीं,
मरते हुए इंसान का वादा हो तुम,
उसके परिवार का सहारा हो तुम,
मुसाफ़िरों का हौसला हो तुम,
सिर्फ़ एक नज़ारा नहीं,

नज़ारे से कहीं ज़्यादा हो तुम,
थकावट से दूर करने वाला समय हो तुम,
जब कोई न हो, पीठ थपथपाने वाला साथी हो तुम,
आसमान को पूरा करने का ज़रिया हो तुम॥

सिर्फ़ तारा या नज़ारा नहीं,
उससे कहीं ज़्यादा हो तुम,
आज काले आसमान में एक ही तारा था,
वह भी हौसला बढ़ा रहा था,
अकेले होने का गम बाँट रहा था,
एक बच्चे को सपना दिखा रहा था।
उसे अँधेरे के बदले रौशनी दे रहा था।

मानो कह रहा हो-
सबके चले जाने पर भी मैं डटकर खड़ा हूँ,
टूटा नहीं अब तक, जीने के लिए ज़िंदगी से लड़ा हूँ,
जब मर जाऊँ तो इच्छा बताना मुझे,
आँख बंद कर मेरे कान में फुसफुसाना उसे।

औरों को ना टूटने दे, वो दोस्त हो तुम,
पूरा कर सकूँ यह कोशिश रहेगी मेरी,

ना हो सके तो सोचना तूने बात बाँटी मुझसे तेरी,
तुम भी डट कर खड़े रहना,

ना छोड़ना सपने पूरे करने की आस,
कुछ सीखो तो बाँटना किसी और तारे से,
याद रखना मैं भी हूँ तुम्हारे पास।

इसलिए तो हम कहते हैं,
सिर्फ़ तारा या नज़ारा नहीं,
कोई बहुत प्यारा सा सपना हो तुम।
जो ख़ुद के टूट जाने पर भी, जो मरने पर भी
चमक कर जीने का हौसला दें।
वो इरादा हो तुम॥

* * *

ज़मीन के टुकड़े क्यों है??

जब समुद्र नहीं बँटता,
जब आसमान में नहीं कोई दरार है,
जब पहाड़ देश के टुकड़े नहीं देखता,
तो हमारे बीच चुप्पी क्यों है?
तो ज़मीन के टुकड़े क्यों है?

किसी ने ख़ूब ही कहा है,
"तुम लड़ते रहो ज़मीन के टुकड़ों के लिये,
मुझे तो अपने हिस्से में पूरा आसमान चाहिए।"

जब नदियाँ बहना बंद नहीं करतीं,
ज़मीन को भी नहलातीं हैं।
हरियाली टुकड़ों का कारण नहीं बनती,
पेड़ हर जगह उगाती है।
तो हमारे बीच चुप्पी क्यों है?
तो ज़मीन के टुकड़े क्यों है?

आकाश भी खुला और आज़ाद है,
तभी तो अब तक जीवन आबाद है,
पंछी, पर कैसे फैलाएंगे?
अगर हर जगह हम रेखाएं बनायेंगे,

तो हमारे बीच चुप्पी क्यों है?
तो ज़मीन के टुकड़े क्यों है?

* * *

किताब के ख़्वाब

आज एक बात सुनी, दिल में हलचल हुई,
दिमाग में कई बार घूमी, घूम घूम कर गुमी।

उस बवंडर में, जो सिर्फ़ मेरे दिमाग़ में नहीं,
शायद सब ही की ज़िंदगी में होता है।
फ़र्क सिर्फ़ यह है,
कोई उसे छुपाने में अच्छा
होता है,
तो कोई असफल रह जाता है।

मैं दूसरी category में हूँ,
मेरी आदत है कि,
उस बात के मेरे दिमाग़ में गुमने से पहले,
वो किसी के कानों तक पहुँच जाये,
कहते हैं दीवार के भी कान होते हैं,
मेरे लिए उस किताब में भी ख़्वाब होते है,

क्योंकि वो मेरी बातें सुनती है,
मेरी बातें सबसे पहले उस तक पहुँचतीं हैं
वो मुझे सलाह नही सहारा देती है।

क्योंकि कहते हैं दीवार के भी कान होते हैं,
और अगर ध्यान से सुनो तो किताब के भी ख़्वाब होते हैं!!

* * *

आज़ादी का जेल

आज जाल में एक चिड़िया को फँसते हुए देखा,
छोटे - बड़े पेड़ की कमी के कारण,
उसके पास ना था कोई घर, ना कोई बसेरा,
ना आयी वह ज़मीन पर,
क्योंकि मनुष्य ने कर रखा था वहाँ घेरा।

वह गई थी मन से उस जेल में,
ना थी वो लालच की शिकार,
ना थी वो तलाश में किसी प्रहार की,
मानो उसने हिम्मत ही छोड़ दी हो,
जीने की या मदद की पुकार की।

यह नहीं है बांध, नदी को रोकने का,
यह नहीं है कोई पिंजरा उत्सुकता बनने का,
यह तो एक आज़ादी का जेल है,
जिसकी ना कोई छूट ना कोई बेल है।

बस चाहती थी वो उड़कर थोड़ी और देर ठहरना,
ना कि किसी का शिकार बन रसोई में पकना,
जीने की तो चलो आस छोड़ भी दी थी,
तब ही तो आकर जाल पर बैठी थी,
पर मरने का सुकून भी ना दे सके उसे,
उसकी खाल से कंबल बना लिया,
या सर्दी से बचने का कोट बना लिया!

घर छीनकर उसका, नष्ट कर दिया उम्मीद का कोई भी सवेरा,
उसके पास ना था कोई घर, ना था बसेरा,
ना आयी वो जमीन पर,
क्योंकि था यहाँ राक्षसों का घेरा,
यह तो एक आज़ाद जेल है
जिसकी ना कोई छूट ना कोई बेल है॥

* * *

परवरदिगारा

एक दिन खुदा से बात करते हुए,
एक ख्याल मन में आया,
तो पूछा मैंने उससे -

खुदा अगर तू किसी भीड़ में कही हो, तो मैं तुझे कैसे पहचानू?

उस मूर्ति से जो मंदिर में सजी है,
या उस चादर से जो तेरी दरगाह पर चढ़ी हैं,
उस कील से जो तेरे सीने पर लगी है,
या उस दिल से जिसमें तेरी अनोखी सी तस्वीर बसी है।

कहाँ ढूँढू मैं तुझे?

शिवलिंग पर दूध चढ़ाते वक्त,
या राधा कृष्ण की मिसाल देते समय,

तेरे मंदिर में नारियल फोड़ते वक्त,
या बस किसी बेबस की मदद करते समय।

जवाब आया - मुझे ढूंढना फिज़ूल हैं,
यह तुम्हारी तलाश की धूल हैं।
क्योंकि मैं तुम्हारी आस पास की चीज़ो में नही,
तुम में, तुम्हारे कर्मो में बसता हूँ।

मुझे याद तभी करना जब मन में सही आस हो,
या किसी सच्चे रास्ते की तालाश हो।
मैं रिश्वत में नहीं मानता!
इसलिए मैं तुम्हे मंदिर या दरगाह में नहीं,
पर तुम्हारे ही किसी ख्याल में मिलूँगा,
जहां आज बैठा बात कर रहा हूँ,
कल भी वही मिलूँगा॥

* * *

एक ही नज़ारा

कमरे में दरवाज़ा एक है, खिड़कियाँ खोलो,
हर खिड़की धूप ही नहीं,
नया नज़ारिया भी लाती है,
देखा - अनदेखा, सुना
अनसुना में सिर्फ 'अन' का
फर्क है,
हिंदी तो भुला दी, अब
शब्दों के अर्थ को याद
रखना व्यर्थ है।

आवाज़े तो सुनायी देती नहीं,
सिर्फ जब लहु बहे या नेत्र भर आये,
तब लोगों की परवाह होती है।

जब इंसान चुप चाप दुःख बाँट रहे होते है,
किसी को भनक भी नहीं होती हैं।

झूठ तो ज़ुबानी की फितरत हैं अब,
सच्चाई कम ही आती हैं इन लबों पर।

वक्त नहीं है जानती हूँ,
पर दरवाज़ा एक ही है,
नज़ारे से बोर हो जाओगे!
खिड़कियों पर दस्तक दो,
शायद 'अन' के फर्क से उभर पाओगे॥

* * *

वो किताब मैं हूँ

उस किताब में मेरी कई भूल लिखी हैं,
उसमें वो भूल मंज़ूर हैं, कुबूल लिखी हैं,
बहुतों की माफ़ी लिखी है,
जो किसी और से नही,
मुझे मुझसे मिल सकती है वो सीख लिखी है।

चित्रकारी भी है उसमें,
जो उतारी है मैंने कहीं से,
पर उस किताब में बनते ही वो मेरी है,
क्योंकि वो मेरे अंदाज़ की है,
उसमें रंग मैंने भरे हैं,
चाहे फिर वो लाल, पीले या हरे हैं।

कह पाऊँ, तो यूँ कहूँ,
कि वो तस्वीर महज़ एक तस्वीर थी,
उसमें जान रंगों ने और उस किताब ने भरी है।

लिखने वाले ने यूँ ही तो नहीं कहा ना कि,
मेरा दिल एक खुली किताब है,
उसे बस पढ़ने की देर है,
क्योंकि यह किताब मेरी रूह की सेर है।

इस किताब में मेरी पसंद, भूल, उस भूल की माफ़ी,
उससे मिली सीख और कई चित्र हैं।
उस किताब में किसी और ने नहीं,
मैंने सवाल उठाए हैं।
दूसरों पर नहीं पर ख़ुद पर,
ख़ुद की सोच पर, गलतफहमियों पर,
ख़ुद की नक़ाब से ढकी शकल पर,
उस चेहरे पर जो मैं सबसे छुपाती हूँ,
उन बातों पर जो मैं किसी को नहीं बताती हूँ,
उन फैसलों पर जिन पर मुझे गर्व है,
और उन नाकामियों पर जिनकी मुझे समझ है।

इसलिए एक और बात कहनी है आज,
सिर्फ़ वो किताब दिल का आईना नहीं,
वो किताब मेरी है,
मेरे काजल से इसकी स्याही बनी है,
मेरी रूह की मंज़ूरी, उसकी असलियत लिखी है,

इसलिए वो महज़ एक किताब नहीं,
मेरी ज़रूरत या मेरी आदत नहीं,
मेरा कोई हिस्सा नहीं,
पूरी मैं हूँ॥

मैं वो किताब हूँ,
और वो किताब मेरी रूह है॥

* * *

सबसे दूर बस खुद के पास,
लगाए बस अपने आप से आस,
कहा मैंने ज़माने से,
मेरा दिल है एक खुली किताब।

Tails Over Heads Today

आग का काम जलाना होता हैं,
पर वह रौशनी भी तो देती है।
पानी का काम बुझाना होता है,
पर वह अलग होकर,
आग को बढ़ावा भी तो देती है।

चिड़िया का काम उड़ना होता है,
पर वह आकर अपने घोसले में भी तो बैठती है।

जब कलम महज़ लिखने के नहीं,
बात बयां करने के काम आती है।
जब आँखें सिर्फ देखने के नहीं,
आसूं बहाने के भी काम आती है।

जब हमे सबकी ज़रुरत है,
बिना रौशनी, पानी, या घर के कोई नहीं जिया है।

जब चाँद पर दाग है,
फिर भी वह आबाद है।

जब हर चीज़ के दो पहलू हैं।
तो क्यों, तो क्यों हम लोगों को यह मौका नहीं देते।
तो क्यों, हम उनका पहलू नहीं सुनते,
तो क्यों, एक गलती पर सारी अच्छाइयों को भूल जाते है,
आखिर हर चीज़ के दो पहलू होते है!

सिक्के को उछालकर, उसे भी अपना पहलू बताने का मौका दिया जाता है,
तो लोगों को क्यों नहीं,
जब heads और tails में से कुछ भी, कभी भी, ऊपर हो सकता है,
तो इंसानो में सिर्फ अपना ही पहलू क्यों?
Heads ही क्यों, Tails क्यों नहीं!!

* * *

बारिश के दो पहलू

बारिश, बरखा वर्षा कहीं पर बाढ़ लाते है,
किसी का पेट भरते है तो किसी का पूरा सहारा छीन लेते है,
किसी को सौंधी खुशबू, तो किसी को आँसू छुपाना पड़ रहा है,
किसी को हवा तो किसी को तूफ़ान झेलना पड़ रहा है।

स्याही

उस स्याही के ऊपर कई बार सवाल उठे है,
कई बार वो लोगों तक पहुँची है।
पर क्या वो असल में इतनी ज़रूरी है?

क्या आवाज़ काफी नहीं है?
क्या पछतावा माफ़ी नहीं है?

शायद नहीं!!
क्योंकि सिर्फ आवाज़ से, इरादे दिल में नहीं छपते,
सिर्फ पछतावे से हालात नहीं सुधरते,
अपने इरादों पर खरा उतरने के लिए,
इन हालातों से लड़ने के लिए,
हर साथी को समझाने और समझने के लिए,
हर बाँध को तोड़ नदी की तरह बेखौफ बहने के लिए,
स्याही ज़रूरी है।

सिर्फ लोगों के दिल में नहीं,
पर इतिहास में छपने के लिए,
स्याही ज़रूरी है।

पेड़ों में आग की तरह,
नदियों में रफ़्तार की तरह,
हवा में लहर की तरह,
और बिजली की कहर की तरह,
फैलने के लिए, स्याही ज़रूरी है।
अच्छे बुरे हर काम में साथ निभाती है स्याही।

डरती नहीं है,
हिचकिचाती नहीं है,
गलत - बुरे हालात को सामने लाने में।

तो शायद सिर्फ आवाज़, काफी नहीं है।
तो शायद सिर्फ पछतावा, माफ़ी नहीं है॥

* * *

मुसाफ़िर

माना कि मैं राहों में नही भटकती,
पर एक जगह भी तो नही टिकती,
कभी यह सपना तो कभी वो,
अभी ये खेल तो तब वो,
इसलिए, मैं मुसाफ़िर हूँ।

अगर दिमाग़ कोई बात अपने अन्दर सींच ले,
तो वही काम करने से दिल मेरे हाथ को खींच ले,
इस जंग में फसी रह जाती मैं बीच में,
ना रह पाऊँ कहीं भी मैं ठीक से,
इसलिए, मैं मुसाफ़िर हूँ।

जब दिमाग़ और दिल को मेरे साथ खेलना है खेल,
तो मैंने भी दोनों के बीच में ढूँढ लिया है मेल,
दोनों को ही मुसाफ़िर बनने का चाव है
अब मैं भी नहीं रहूँगी छाँव में।

अब मैं भी राहों में भटकूँगी,
एक जगह में नहीं टिकूँगी,
क्योंकि मैं मुसाफ़िर नहीं होकर भी थी,
और होकर भी नहीं हूँ॥

* * *

ना समझ में आया,

ना हालात पूछे मुझसे,

बस चल दिया मुसाफ़िर,

बिना किसी मंज़िल की फिकर से।

क्या लिखा है?

तुम जानते हो उस बस्ते में क्या होगा,
मेरी क़लम से मेरे दिल का रास्ता होगा,
मेरी कहानी, मेरी दास्तान होगी,
हर तरफ़ उस किताब की ही चर्चा होगी।

जिसमें मैंने हर दौर लिखा है,
अपनी ज़िंदगी का हर ख़ौफ़ लिखा है।
अकेलापन हो या क़ुदरत के करिश्मे,
या नाचना हो उस पहली बारिश में,
अपना हर एहसास लिखा है,
उसमें ऐसा ही कुछ ख़ास लिखा है।

वो हालात लिखे हैं मेरे ख़यालात लिखे हैं,
वो अनदेखा ख़्वाब लिखा है, अच्छा और ख़राब लिखा है।

अपना हर एहसास लिखा है,
उसमें ऐसा ही कुछ ख़ास लिखा है।
उसमें मैंने कल लिखा है आज लिखा है,
आने वाले कल को काश़ लिखा है॥

* * *

काश

काश मैं भी कभी, 'मैं' को भूल कर 'हम' को एक मौका दे सकूँ,

काश कभी हम को ज़्यादा और मैं को कम कह सकूँ,

काश कभी दूसरों की खुशियों मैं खुश होकर अपने गम छुपा सकूँ,

काश कभी खिलौनों से नहीं उनकी मम भावनाओं से बातें कर सकूँ।

काश कभी में भी कह सकूँ कि, "Yes, I am the better version of myself."

काश कभी दूसरों से नहीं अपने आप से compete कर सकूँ,

और उन छोटी ग़लतियों को माफ़ कर सबको अच्छे से treat कर सकूँ,

काश कभी लाखों की भीड़ की तालियों को न सुनकर,

औरों की बातों को न समझकर,
अपनी और अपने दिल की आवाज़ सुन सकूँ।

और इस दिल के आईने के सामने अपने अक्स को देखकर
कह सकूँ कि "Yes, I am the better version of
myself."

काश कभी internet से नहीं, अपने मन से तस्वीरें बना सकूँ,
Canvas पर रंगों से अपने दिल का हाल छाप सकूँ,
काश कभी पन्नों से किताबों तक का सफर पार कर सकूँ,
काश कभी गाकर सबको अपनी कला मैं मदहोश कर सकूँ,
काश काश मैं भी कभी कह सकूँ कि, "Yes, I am the
better version of myself."

* * *

उस कली से

फूल बंद हैं, अभी तक खिले नहीं,

समय है, ख़ूबसूरती से वे अब
तक मिले नहीं।

फिर भी, उस stage पर वे
बहुत सुंदर हैं,

उसकी भी photography कर
सकते हैं इस दर हैं।

वो कली हर रोज़ देखती हूँ मैं,

खिल जाये इस इंतज़ार में,

उसके पास घंटों बैठती हूँ मैं।

ऐसा नहीं है कि मेरे पास कोई magic है,

ना ही मेरी story Romeo - Juliet की तरह tragic है।

बस उस कली से उम्मीद मिलती है,

अपने दरमियाँ जो अब तक नहीं ढूँढ पाई हूँ,

उसे खोजने की आस बढ़ती है,
पर, उसे वक़्त देने की ज़हमत भी मिलती है।

क्योंकि फूल खिल गयें हैं अब,
ख़ूबसूरती से वे मिल गयें हैं अब।

* * *

खामोश

ख़ामोशी कितना कुछ कहती है, पर वो चुप भी तो रहती है,
अपने अंदर राज़ दबाए, जाने कितना कुछ कहती है।
मुझे उस शोर से बचाए, बारिश की बूंदों से मिलाए,
दिल भी भिगा जाये और फिर रात को ख़्वाब बन जाये।

यह सिर्फ़ शांति नहीं सुकून है,
उस tension से उसका ठिकाना कोसों दूर है,
चुप रहने को नहीं मजबूर ये, बस वक़्त का इंतज़ार है,
उस समय की ही तो तलाश है, जब अपना छिपा बवंडर दिखाए,
हर पत्थर को चूर कर जाए॥

इसलिए ख़ामोशी कमज़ोर नही,
जो बोलते ही टूट जाए, वो बुलंद है, अपने भीतर राज़ दबाए,
उस fame की चाहत से दूर,

है इसका भी एक घर मशहूर,
मुसाफ़िर भी ठहरने की करते जहाँ ख्वाहिश,
वहाँ चुप रहने की ना करे कोई नुमाइश।

क्योंकि वहाँ शोर का पता नही,
क्या ख़ामोशी ही है मेरे रास्ते की मंज़िल कहीं,
क्योंकि ख़ामोशी चुप्पी नहीं सुकून है।
और इसे पाना सब का जुनून है॥

* * *

गलतफ़हमी

आँधी चल रही थी,
बिजली कड़क रही थी,
चाँद मुस्कुरा रहा था,
जैसे बारिश बुला रहा था।

आंधी तेज़ चली,
हवा बादल को उड़ा ले गई,
वो चाँद इंतज़ार करता रह गया,
मिट्टी की सौंधी खुशबु की राह देखता रह गया।

कुछ समय के बाद,
उस पर एक सफेद रंग की चादर थी,
वो धुंधला दिख रहा था,
मानो आंधी से कह रहा हो,

"आज सच में तुमने मेरी आँखों में धूल झोंक दी
अपने बहाव के कारण बारिश रोक दी!!"

ना हम देख पा रहे थे उसे,
ना वो रौशनी दे पा रहा था हमें,
एक सफेद चादर थी बीच में।

ऐसा ही होता है ना,
हम किसी से इतना रूठ जाते है -

कि ना समझने की या, यूँ कहूँ की गलतफ़हमी की चादर पहन लेते है,
न हम उन्हें देख पाते है न वो हमे।

कहते है,
कानो सुना गलत हो सकता है, पर आँखों देखा नहीं,
शायद, ऐसा नहीं है पर,
पहले तो आँखों पर पट्टी बाँध ली, गलतफ़हमी की।
तो देख नहीं पाते!

तो हम इस कहावत
को गलत कैसे कह
सकते है?

आखिर,

उल्लू बुद्धू इसलिए
कहलाता है, क्योंकि,

उसने कभी सवेरा नहीं देखा।

* * *

अफ़सोस भी ज़रूरी है

जिसने सुबह देखी नहीं उसके लिए सवेरा क्या?
जब जीवन जिया ही नहीं तो ज़िन्दगी काटना क्या?
जब उम्मीद टूटी ही नहीं तो भरोसा क्या?
कई दफा, हम कितनी चीज़ों की कदर नहीं करते?
क्योंकि हम ने वो कभी खोई नहीं है,
इसलिए अफ़सोस ज़रूरी है।

अब अगर किसान ने कभी लाचारी देखी ही नहीं,
तो वो बारिश की पूजा कैसे करेगा?
अगर कभी इंसान ने मुश्किले और दुःख सहा ही नहीं,
तो वह उन्नति और सुख की ओर कैसे बढ़ेगा?
अगर कड़वे आँसू ना बहे तो ख़ुशी भी बोर करेगी तुम्हे।
अगर कभी कैद नहीं हुए तो यह आज़ादी भी खेल लगेगी तुम्हे॥

* * *

आँसू या हँसी

आँसू कभी - कभी हँसी से ज़्यादा मायने रखते हैं,
लोग हमेशा नहीं मतलब या फ़ायदा देखते हैं,
कुछ दुनिया के बनाएँ नहीं अपने कायदे भी बुनते हैं,
जहाँ उतना भी बुरा नहीं जितना हम उसे समझते हैं।

जिनके साथ हँसे हो,
वो तो आम लोग हैं,
रोने के बाद जिनका ख़याल है,
वही असली दोस्त हैं।

जो बुरे वक़्त में साथ दें,
जिन्होंने रोते हुए हैं तुम्हें समझा,
जो हँसी के पीछे के ज़ख़्म से परे नहीं, ऐसे भी कम लोग नहीं।

जो दस दोस्त हँसते हैं तुम्हारे साथ,
क्या ग़म में भी आँसू पोछते हैं?
नहीं ना!
तो वो पाँच लोग ही काफ़ी है,
जैसे हाथ की पाँच उंगलियां काफ़ी है,
तुम्हारी दुनिया बनने के लिए,
तुम्हारे आंसुओं के पीछे की ख़ुशी को समझने के लिये।
वो पाँच दोस्त ही काफ़ी है!

* * *

मुझे पसंद है

मेरे लिए प्यार का मतलब कुछ और है,
यह प्यार तुम्हारी समझ से पार है।

उन बूंदों का टप - टप से बढ़ जाना,
सभी छातों का बंद हो जाना।
मुझे पसंद है!

उस हरियाली का खिल उठना,
उन चिड़ियों का चहक उठना।
मुझे पसंद है!

उसी समय बच्चों के साथ नाचना,
चक धूम- धूम के गाने पर असली धूम मचाना।
मुझे पसंद है!

बारिश में खिड़की के पास बैठना,
धीमे गाने और किसी की कहानी पढ़ना यह सुनना।
मुझे पसंद है!

बारिश के वक़्त गीली मिट्टी की सोंधी सी ख़ुशबू,
आसमान को देख, मुँह खोलकर बरसात के पानी को पीने की वो आरज़ू,
मुझे पसंद है!

बारिश का हर phase मुझे पसंद है,
इन आँखों को पानी के वो बड़े-बड़े बुलबुले भी रजामंद है,
मन को गंदगी के बाद भी बारिश का इंतज़ार है,
यह प्यार तुम्हारी समझ के पार है।

* * *

मुझे लिखना, मुझे गाना पसंद हैं,
नाचते तो सभी हैं ज़िन्दगी के इशारों पर,
मुझे कुछ कहानियाँ बनाना पसंद हैं,
कुछ बस खुद के लिए चुराना पसंद हैं।

तुम कौन हो, क्यूँ हो?

मैंने कभी पूछा नहीं तुमसे, तुम कौन हो, क्यों हो?
फिर मेरे लिए इतने सवाल क्यों?
मेरी ज़िंदगी में मचा रखा बवाल क्यों?

चाहे हो मेरी जीत या हार,
न पूछ मुझसे, होगा तेरा बहुत - बहुत आभार।
मैं जानती नहीं अभी मैं कौन हूँ,
बताऊँगी तुझे जब मैं sure हूँ।

ख़ुद से नहीं डरती मैं,
बस अपने आप को पहचानने मे देर करती मैं,
तैयार नहीं अभी किसी और को कहने के लिए,
इसलिए उन्हें बता रही हूँ जो सिर्फ़ सुनते हैं,
मेरी किताब के वो पन्ने -
जिन पर चलाया कभी मैंने वो सुनहरा क़लम है,

लिखी दिल की हर फ़रियाद है।
वो किताब ख़ास है॥

कभी मुझे सच में जानना हो,
एक बात मानना तो।
उस किताब को खोल लेना,
उसका हर लफ़्ज़ बोल लेना,
फिर पूछना नहीं पड़ेगा तुम्हें,

तुम कौन हूँ, क्यों हूँ?
नहीं, नहीं, नहीं मैं अब भी अपने आप को नहीं जानती,
बस चाहिए थोड़ी और शांति।
अपने आप को "figure out" करने के लिए,
ख़ुद को समझने के लिए॥

* * *

"जो नहीं रुकता तुम्हारे बुलाने पर,
जो भागता है हर ख़ुशी के मौक़े पर।
जो हर पल बदलता है,
जो कभी नहीं थकता है,
क्या है वो?"

वक़्त

डर लग रहा था,
उस अनजान जगह पर जाने में,
ना ख़ौफ़ है रोशनी से, ना ज़माने से,
पर फिर भी था थोड़ा डर,
वक़्त के साथ कम हुआ, घटता गया हर दिन हर पल।

तब यादें बुनी थी हमने,
तब सुकून को खोजा था हमने।
तब डर से मुक्त किया था ख़ुद को,
तब आग में जलाया था खुद को,
पर जैसे कहा था -
जो नहीं रुकता तुम्हारी बुलाने पर,
जो भागता है हर ख़ुशी के मौक़े पर,
जो हर पल बदलता है,
जो कभी नहीं थकता है।

घड़ी की सुईयाँ रुक जाएँ,
calendar मे date change करना भूल जाए।
धरती घूमना नहीं बंद करती सूरज के पीछे,
सूरज नहीं रुकता सदा ही उगता और ढलता है।

एक साल बीत गया,
पता नहीं चला,
वो यादें छुप गई,
रोशनी भाग गई,
ज़माना आगे बढ़ गया।

जैसे कहा था वक़्त की तरह -
अब फिर यादें बुननी है,
अब फिर सुकून खोजना है,
फिर डर से मुक्त होना है,
और फिर अग्नि परीक्षा देनी है।

* * *

www.ingramcontent.com/pod-product-compliance
Lightning Source LLC
LaVergne TN
LVHW091815160826
845684LV00039B/14

* 9 7 9 8 8 9 6 9 9 9 2 9 4 *